...e Padre Pio disse

uma frase de Padre Pio por dia

...e Padre Pio disse
uma frase de Padre Pio por dia

(Dos escritos e das conversas cotidianas de
Padre Pio com seus filhos e filhas espirituais)

Volume 2

Compilação de
Rosângela Paciello Pupo

Edições Loyola

Preparação: Maria Suzete Casellato
Capa: Viviane Bueno Jeronimo
    Acervo pessoal da autora
Diagramação: Ademir Pereira
Revisão: Carolina Rubira

As imagens são de responsabilidade da autora.

Edições Loyola Jesuítas
Rua 1822 nº 341 – Ipiranga
04216-000 São Paulo, SP
T 55 11 3385 8500/8501, 2063 4275
editorial@loyola.com.br
vendas@loyola.com.br
www.loyola.com.br

Todos os direitos reservados. Nenhuma parte desta obra pode ser reproduzida ou transmitida por qualquer forma e/ou quaisquer meios (eletrônico ou mecânico, incluindo fotocópia e gravação) ou arquivada em qualquer sistema ou banco de dados sem permissão escrita da Editora.

ISBN 978-65-5504-178-1

© EDIÇÕES LOYOLA, São Paulo, Brasil, 2022

Sumário

Introdução 11
Casa para o Alívio do Sofrimento 13
Dados cronológicos da obra de
São Pio de Pietrelcina 21
Discurso de Padre Pio no dia da inauguração
da Casa para o Alívio do Sofrimento 23
...e Padre Pio disse: 27
Oração de Padre Pio a Nossa Senhora 57
Bibliografia 61

Meus pais, Rosa Maria e Gaetano Paciello, recebem a comunhão das mãos de Padre Pio (1954). Foto: acervo pessoal da autora.

A meus pais *(in memoriam)*
Conheceram-se a caminho de San Giovanni Rotondo para falar com Padre Pio. Ela psicóloga, ele advogado, multiplicaram seus talentos, propagando sua fé com dinamismo e generosidade. Fui certamente abençoada por seu exemplo de vida e de amor; por dias felizes de vivência cristã; pela educação de fé, caridade e perseverança, que sempre me deram com muito otimismo, e pela devoção a Padre Pio que tive oportunidade de diariamente presenciar.

23 de setembro – Dia de São Pio de Pietrelcina

Padre Pio de Pietrelcina (1887-1968).
Foto: © Archivio Fotografico La Casa Sollievo della Sofferenza. Reprodução proibida.

"É a oração — esta força unida de todas as almas boas — que move o mundo, que renova as consciências, que conforta os sofredores, que cura os doentes, que santifica o trabalho, que dá força moral e resignação cristã ao sofrimento humano, que espalha o sorriso e as bênçãos de Deus sobre todas as fraquezas". (Padre Pio)

Introdução

Apenas três meses após o lançamento do livro ...*e Padre Pio disse: uma frase de Padre Pio por dia*[1], vi-me preparando o volume 2. Sem dúvida o sucesso do primeiro volume e do livro *Padre Pio: histórias e memórias*[2], publicado anteriormente, fizeram-me pensar que não poderia perder a oportunidade de continuar divulgando a vida e a obra de Padre Pio.

Hoje, vinte anos após sua canonização, Padre Pio é bastante conhecido e venerado também no Brasil, tanto nas grandes capitais como em pequenas cidades do interior, graças ao trabalho incessante dos seus inúmeros devotos.

No primeiro volume incluí a biografia resumida de Padre Pio, 365 frases extraídas dos escritos e das conversas cotidianas de Padre Pio com seus filhos e filhas espirituais e algumas orações.

No volume 2 o leitor encontrará 365 novas frases. Desta vez julguei interessante incluir a história da obra de Padre Pio: Casa Sollievo della Sofferenza (o hospital chamado Casa para o Alívio do Sofrimento) e também o breve discurso que Padre Pio fez no dia da sua inauguração.

---

1. Rosângela Paciello Pupo. ...*e Padre Pio disse: uma frase de Padre Pio por dia*. São Paulo, Loyola, 2004.
2. John McCaffery. *Padre Pio: histórias e memórias*. Tradução de Rosângela Paciello Pupo. São Paulo, Loyola, 2002.

O intenso sofrimento de Padre Pio durante a vida terrena fez e faz dele um poderoso intercessor por nós junto a Deus. Suas virtudes serão sempre lembradas na Casa para o Alívio do Sofrimento e em todos os locais que Padre Pio, por mais de meio século, santificou com sua presença.

Nada mais natural do que tentar seguir seu exemplo e seus ensinamentos que, embora em linguagem acessível, são tarefas difíceis no dia a dia.

Com a divulgação deste livro, espero continuar contribuindo para a glória de Padre Pio no Céu, de onde ele zela constantemente por todos nós...

R. P. P.

Casa para o Alívio do Sofrimento

Casa Sollievo della Sofferenza (Casa para o Alívio do Sofrimento).
Foto: © Archivio Fotografico La Casa Sollievo della Sofferenza. Reprodução proibida.

Padre Pio foi transferido em 1917 para San Giovanni Rotondo, uma pequena cidade na região do Gargano, na província de Foggia (sul da Itália). Naquela época, San Giovanni Rotondo era uma cidade pouco desenvolvida e sem infraestrutura.

O Convento de Santa Maria delle Grazie, onde Padre Pio vivia, situava-se a dois quilômetros do centro da cidade (que hoje se estende ao redor do convento). Não havia estradas que ligassem o convento ao centro, ou San Giovanni Rotondo às

13

cidades vizinhas. Foggia era (e continua a ser) a maior cidade nas proximidades, a trinta e cinco quilômetros de San Giovanni Rotondo. Os doentes muitas vezes não eram socorridos a tempo, devido à distância para chegar a um hospital.

No centro de San Giovanni Rotondo havia o Hospital de São Francisco, rústico e antigo, que fora reaberto por intermédio de Padre Pio, e que tinha condições de acomodar poucos doentes. A estrutura do prédio, desgastada pelos anos, sofreu muito com um tremor de terra ocorrido em 1938, e o pequeno hospital teve de ser fechado, deixando os doentes sem nenhum recurso.

Padre Pio já há muito tempo sonhava com a possibilidade de fazer construir um hospital bem equipado e adequado a receber todos os doentes da região. Deveria ser um edifício de grandes proporções, como um imenso coração destinado a cuidar de todos os que necessitassem de auxílio. Mas Gargano era longe de tudo, e uma obra definitiva, com tal estrutura, parecia totalmente fora de cogitação. Entretanto, a mente e o coração de Padre Pio abraçavam essa ideia que, quando Deus quisesse, iria tornar-se realidade.

Naquela ocasião, três italianos, filhos espirituais de Padre Pio, haviam se transferido permanentemente para San Giovanni Rotondo para desfrutar diariamente da sua orientação: Guglielmo Sanguinetti, médico, de Parma; Mario Sanvico, agrônomo, de Perugia; e Carlo Kisvarday, farmacêutico, de Zara.

No início de 1940, em pleno inverno, Padre Pio recebeu uma pequena oferta para auxiliar os pobres. Sempre com a ideia de que deveria fazer algo pelos doentes, reuniu Sanguinetti, Sanvico e Kisvarday e falou de sua decisão de construir uma "casa" mais ampla e mais acolhedora do que o pequeno Hospital de São Francisco. Padre Pio disse-lhes: *"A partir de hoje terá início a minha grande obra terrena"*, e assegurou-lhes que ali, ao lado da igreja de Santa Maria delle Grazie, no Monte Gargano, seria construído um grande hospital, e que ele já dispunha da primeira pedra para iniciar a construção (aquela pequena oferta que havia recebido!).

Padre Pio acreditava na sensibilidade e na generosidade das pessoas e, assim, tinha certeza de que cada pedra do hospital seria um dom da caridade dos mais afortunados.

Guglielmo Sanguinetti, Mario Sanvico e Carlo Kisvarday formaram o núcleo da primeira comissão constituída por Padre Pio para a construção do novo complexo hospitalar. Eles foram os pilares e os precursores dos ideais da obra e trabalharam incansavelmente pela criação do hospital, que era o sonho de Padre Pio.

A fé dos santos na Divina Providência nunca os deixa sem resposta.

Carlo Kisvarday passou a registrar num caderno todas as ofertas para o novo hospital, e em dez dias a lista já havia crescido consideravelmente. Na realidade, numerosas ofertas começaram a chegar de todas as partes do mundo: de ricos e de pobres, de italianos e de estrangeiros. Muitas histórias poderiam ser contadas sobre doações que chegaram inesperadamente para fazer face às despesas. Nas mãos de Padre Pio as ofertas se multiplicavam, e ele insistia em que esses donativos eram sagrados e destinados somente ao novo hospital.

No dia 14 de janeiro de 1940, Mario Sanvico perguntou a Padre Pio que nome se deveria dar ao hospital. Padre Pio respondeu sem hesitar: *Casa Sollievo della Sofferenza* (Casa para o Alívio do Sofrimento)! Propositadamente, Padre Pio não quis que se chamasse "hospital", "clínica" ou "instituto", mas sim "casa". Nessa Casa para o Alívio do Sofrimento, aquele que sofre teria o direito de viver como se estivesse no seu próprio ambiente, na sua própria casa. Não seria uma "casa de *tratamento*" no sentido exclusivo da palavra, mas uma "Casa para *alívio*", no sentido absoluto.

Guglielmo Sanguinetti foi uma das figuras mais importantes no cenário da construção da Casa para o Alívio do Sofrimento. Também foi ele quem lançou as bases editoriais e administrativas do *Boletim de notícias* publicado em diversas línguas (que se tornou a *Rivista La Casa Sollievo della Sofferenza*), para o que contou com vários cooperadores, entre eles, o editor Gherardo Leone.

Padre Pio escutava e aconselhava seus colaboradores em tudo o que se referia à Casa para o Alívio do Sofrimento, ao *Boletim de notícias* e às inúmeras correspondências que chegavam constantemente.

No décimo aniversário da inauguração da Casa para o Alívio do Sofrimento, Padre Pio recordaria: *"Olhando para trás, para a humilde origem desta obra, e repensando como tudo surgiu do nada, destaca-se ainda mais o milagre da fé e da caridade!"*. E também agradeceria aos *"instrumentos nas mãos de Deus que auxiliaram a construção desta Casa"*.

E, realmente, muito auxílio havia sido necessário! Para iniciar a construção, foi preciso dinamitar a montanha rochosa do Gargano, de forma a criar espaço e a fazer a fundação do edifício. Em seguida foi preciso reunir o material, as máquinas e a mão de obra para construí-lo. Então veio a fase de acabamento, de instalação dos móveis e dos equipamentos técnicos, de acordo com as exigências hospitalares. E ainda havia a necessidade de organizar os vários departamentos e pensar nas pessoas que ali trabalhariam: os médicos, enfermeiras, farmacêuticos, administradores e as freiras, que deveriam transmitir a espiritualidade às equipes que lidavam com os doentes. Paralelamente, foi formada a fazenda que serviria para suprir a Casa para o Alívio do Sofrimento de leite, ovos, frutas e verduras. Então seria preparada a inauguração.

Na encosta acima da Casa para o Alívio do Sofrimento, da igreja e do convento foram plantadas inúmeras árvores para cobrir a aridez vermelha e rochosa do Monte Gargano. Por entre os ciprestes, hoje os peregrinos podem seguir as estações da *Via Crucis*, esculpidas em bronze por Francisco Messina, também discípulo de Padre Pio.

Todo esse trabalho foi gigantesco! No início, muitos disseram que era um projeto de sonhadores e que era uma loucura pensar em construir um hospital num local onde não havia estradas, especialmente tendo de perfurar uma montanha para a construção! Talvez em outras circunstâncias tivesse realmente sido uma loucura mas, nesse caso, a pessoa que estava por trás de tudo isso era Padre Pio, e ele não tardou a demonstrar a seus amigos o que isso significava.

A construção da Casa para o Alívio do Sofrimento, tão inusitada, foi sempre objeto de artigos em jornais e revistas, como se sua história fosse uma fábula.

Luigi (Gino) Ghisleri foi o engenheiro idealizador do projeto com Angelo Lupi, que era construtor. O resultado foi um dos mais bonitos e bem equipados complexos hospitalares; um dos mais admirados da Europa, presidido desde maio de 1947 pelo marquês Giovanni Battista Sacchetti, de Roma.

Tanto Guglielmo Sanguinetti como Mario Sanvico não viram a Casa para o Alívio do Sofrimento pronta, pois faleceram em 1954 e 1955, respectivamente.

Antes da inauguração, o *Boletim* apresentou a Casa para o Alívio do Sofrimento como "uma obra que nasceu de um ideal de amor: contribuir para o alívio do sofrimento da criatura humana no exemplo da caridade cristã; da verdadeira e única caridade que não conhece diferenças entre as pessoas e que trata todos igualmente. Ao pobre, em particular, deve-se a máxima consideração. Esse princípio rege a Casa para o Alívio do Sofrimento. A caridade na Casa para o Alívio do Sofrimento deve voltar-se especialmente ao pobre, sem fazê-lo sentir a sua pobreza; uma caridade doce e fraterna, não humilhante".

A cerimônia oficial de inauguração, em 1956, foi presidida pelo Cardeal Lercaro. Mais de quinze mil pessoas lotaram a praça, a estrada e a esplanada na frente do hospital, entre as quais, centenas de sacerdotes e um grande número de bispos.

Nesse dia de sol magnífico, Padre Pio celebrou a comovedora missa inaugural no altar erigido no pórtico, acima dos degraus que conduzem à entrada da Casa para o Alívio do Sofrimento. Padre Pio apresentou a obra, dizendo: *"Esta é a Casa que a Providência criou..."*

A abertura da Casa para o Alívio do Sofrimento foi marcada pela Conferência Internacional de Cardiologia, por isso estavam também presentes famosos médicos especialistas do mundo todo, fascinados não tanto pela Conferência, mas pelo ambiente e pela pessoa que a havia inspirado.

Em Roma, Pio XII recebeu em audiência especial os participantes da Conferência Internacional de Cardiologia e a Comissão da Casa para o Alívio do Sofrimento. O papa afirmou que aquela era uma "obra sugerida por um alto sentimento evangélico de caridade, chamada a introduzir no tratamento dos doentes um conceito profundamente humano e ao mesmo tempo sobrenatural, em que se deve considerar a pessoa humana de maneira integral, corpo e alma, já que a dor física invade o homem inteiro e atinge o âmago do seu ser moral". O papa convidou os médicos a serem "auxiliares de Deus — como os havia definido Padre Pio —, preocupados em preparar o caminho para a intervenção da graça divina, para assim poderem ser portadores de um alívio eficaz do sofrimento".

Em 1956, no dia de *Corpus Christi*, Padre Pio foi visitar a Casa para o Alívio do Sofrimento e escreveu no livro de registro de visitantes: *"Vim, vi e exclamei: Bendito seja o Senhor, que somente faz obras grandes e admiráveis!"*.

Em 1957, no primeiro aniversário da inauguração, Padre Pio voltou a afirmar a principal característica da Casa para o Alívio do Sofrimento — o amor aos doentes. "Se esta obra fosse somente para o alívio do corpo, seria apenas um hospital-modelo, construído pelas doações extremamente generosas da caridade de todos. Mas a Casa para o Alívio do Sofrimento deve perseguir a meta do apelo operante do amor a Deus, mediante o convite à caridade. Na Casa para o Alívio do Sofrimento o sofredor deve viver o amor a Deus por meio da sábia aceitação dos seus sofrimentos e da serena meditação do seu destino nele. Na Casa para o Alívio do Sofrimento, o amor a Deus deve confirmar-se no espírito do doente, mediante o amor a Jesus crucificado que emana daqueles que assistem o enfermo a luz do seu corpo e do seu espírito."

Em 1966, no decênio da sua inauguração, Padre Pio sublinhou ainda uma vez "a finalidade caritativa dessa Casa na qual as almas e os corpos de nossos irmãos doentes são tratados e curados, mediante a obra sacerdotal, médica, espiritual e social de toda a organização hospitalar. Nascida do amor a Cristo, que aceita todos os benefícios feitos aos irmãos sofredores como se fossem feitos a ele mesmo, deve abrir-se aos irmãos para aliviar os seus sofrimentos físicos e morais; deve abrir-se sobretudo aos irmãos doentes e pobres" — nesses, Padre Pio via Jesus duas vezes: na doença e na pobreza.

A Casa para o Alívio do Sofrimento ajudou a difundir a fama de Padre Pio pela Itália e pelo mundo inteiro. Peregrinos chegavam a San Giovanni Rotondo sempre em número crescente. Hotéis, pensões e lojas se multiplicaram e estacionamentos foram construídos para receber a enorme quantidade de carros e de ônibus. Ela foi idealizada e inaugurada por Padre Pio e inúmeras pessoas contribuíram magnificamente para sua construção.

Trata-se de uma instituição de natureza privada, sem fins lucrativos, de propriedade da Santa Sé que presta, porém, um serviço público. Serviço público não significa serviço administrado por uma entidade pública, mas pensado e organizado para servir o público.

Atualmente é classificada como Istituto di Ricovero e Cura a Carattere Scientifico (Instituto Hospitalar e de Tratamento com Caráter Científico), pois desenvolve não somente atividades clínicas e assistenciais, mas também se ocupa da pesquisa clínica em estreito contato com o Ministério da Saúde e com os mais importantes polos de pesquisa italianos e europeus. A classificação da Casa para o Alívio do Sofrimento como instituto científico representou o reconhecimento oficial e a concretização do pensamento do Fundador que, 60 anos antes, havia intuído que a pesquisa clínica deve ser parte integrante da responsabilidade profissional dos médicos em geral, particularmente da Casa para o Alívio do Sofrimento, e parte ativa do progresso científico.

"Desta inauguração todos falaram, falam e falarão sempre!"
(Padre Agostino, de San Marco in Lamis)

Monumento a Padre Pio na Casa para o Alívio do Sofrimento.
Foto: acervo pessoal da autora.

Dados cronológicos da obra de São Pio de Pietrelcina

Casa Sollievo della Sofferenza
(Casa para o Alívio do Sofrimento)

1946	5/outubro	Constituída legalmente a Casa para o Alívio do Sofrimento — a obra terrena de Padre Pio.
1947	16/maio	Colocada a primeira pedra da Casa para o Alívio do Sofrimento.
	19/maio	Iniciados os trabalhos de construção da Casa para o Alívio do Sofrimento. Resolvido o problema de fornecimento de água na região. Instaladas as fábricas para a produção no próprio local do material necessário à construção.
1949		Lançado o Boletim periódico informativo sobre o andamento dos trabalhos da Casa para o Alívio do Sofrimento.
	8/dezembro	Cobertura do edifício da Casa para o Alívio do Sofrimento.
1954	26/julho	Iniciadas as atividades do ambulatório da Casa para o Alívio do Sofrimento.

1956	5/maio	Inaugurada a Casa para o Alívio do Sofrimento como um Hospital privado de 250 leitos, com uma superfície de seis mil metros quadrados.
	10/maio	Internado o primeiro doente na Casa para o Alívio do Sofrimento.
1957	4/abril	O papa Pio XII nomeou Padre Pio diretor em vida da fraternidade da Ordem Terceira Franciscana "Santa Maria delle Grazie", e lhe foi conferido o privilégio de dirigir pessoalmente a Casa para o Alívio do Sofrimento.
1964	11/maio	Padre Pio nomeou a Santa Sé herdeira universal de todos os bens relativos à Casa para o Alívio do Sofrimento.
1966	5/maio	Comemoração dos dez anos de inauguração da Casa para o Alívio do Sofrimento.
1971	14/janeiro	A Casa para o Alívio do Sofrimento foi reconhecida juridicamente como Fundação religiosa pelo Decreto n. 14 do Presidente da República.
	4/agosto	A Casa para o Alívio do Sofrimento foi classificada como Hospital Provincial (por Decreto Médico Provincial).
1980	2/junho	A Casa para o Alívio do Sofrimento foi classificada como Hospital Geral Regional (Decreto n. 943 do Presidente da Região da Puglia) e introduzida na Rede Hospitalar Nacional (equiparada sob todos os aspectos a um hospital público).

Discurso de Padre Pio no dia da inauguração da Casa para o Alívio do Sofrimento

Discurso de inauguração da Casa para o Alívio do Sofrimento (5 de maio de 1956).
Foto: © Archivio Fotografico La Casa Sollievo della Sofferenza. Reprodução proibida.

Irmãos em Cristo,

A Casa para o Alívio do Sofrimento está pronta. Agradeço os benfeitores que colaboraram de todas as partes do mundo. Esta é a Casa que a Providência, auxiliada por vocês, criou — eu a apresento agora a vocês! Admirem-na e agradeçam comigo ao Senhor Deus.

Foi depositada na terra uma semente que Deus aquecerá com seus raios de amor. Uma nova milícia feita de renúncias e de amor está surgindo para a glória de Deus e para conforto das almas e dos corpos enfermos.

Não nos privem da sua ajuda. Colaborem com este apostolado de alívio do sofrimento humano. A Caridade Divina, que não conhece limites e que é a própria luz de Deus e da Vida Eterna, acumulará para cada um de vocês um tesouro de graças das quais Jesus nos fez herdeiros pela Cruz. Esta Obra que vocês veem hoje está no início da sua vida, mas, para poder crescer e tornar-se adulta, esta criatura precisa se alimentar. Portanto, ela confia ainda na generosidade de vocês a fim de que não pereça de fome e possa tornar-se uma cidade hospitalar adequada às mais desafiadoras exigências clínicas e, ao mesmo tempo, à Ordem ascética do franciscanismo militante. A Casa para o Alívio do Sofrimento deve ser um lugar de oração e de ciência, onde o gênero humano reencontre-se em Cristo Crucificado, como um só rebanho com um só pastor.

Uma etapa do caminho a cumprir foi realizada. Não retardemos o passo. Respondamos solícitos à chamada de Deus para a causa do bem, cada um cumprindo o próprio dever: eu, humilde servo de Nosso Senhor Jesus Cristo, em incessante oração; vocês, com o desejo intenso de abraçar ao coração toda a humanidade sofredora para apresentá-la comigo à Misericórdia do Pai Celeste; vocês, com a atuação iluminada pela Graça, com a generosidade, com a perseverança no bem, com a retidão de intenções — sempre avante na humildade do espírito e com os corações ao alto.

O Senhor abençoe quem trabalhou e quem trabalhará para a Casa para o Alívio do Sofrimento. Que ele retribua em dobro com abundância nesta vida a todos vocês e a seus familiares, e com a alegria eterna na outra vida.

Que a Santíssima Nossa Senhora das Graças e o seráfico São Francisco, do Céu, e o Vigário de Cristo, o Sumo Pontífice, na Terra, intercedam para que as nossas preces sejam atendidas.

Padre Pio de Pietrelcina
em 5 de maio de 1956 na inauguração da Casa para o Alívio do Sofrimento

...e Padre Pio disse:

1. De todos os que vierem pedir meu auxílio, nunca perderei nenhum!
2. Se começamos bem, perseveremos até o fim!
3. É doce repousar depois de ter cumprido nossos deveres!
4. Um convertido exprimiu o receio de tornar a cair. Padre Pio respondeu-lhe: "Eu estarei sempre com você. Você poderia pensar, meu filho, que eu deixaria recair uma alma que levantei? Vá em paz e tenha confiança".
5. Temos muita facilidade para pedir, mas não para agradecer.
6. Façamos a vontade de Deus dizendo sempre "sim" ao Senhor.
7. Se o Senhor nos julgasse no rigor de sua Justiça, provavelmente ninguém chegaria à salvação!
8. O sofrimento é breve; a recompensa é eterna!
9. Quem fala, semeia; quem escuta, colhe.
10. Seja prudente nas suas resoluções!
11. Procuremos nos concentrar totalmente em Jesus, pois ele é o nosso objetivo.
12. Elimine da sua imaginação as coisas que podem perturbá-lo.

13. Confie a Jesus todas as suas necessidades.
14. "Como posso amar a Jesus?" — perguntou alguém. Padre Pio respondeu-lhe: "Jesus disse: 'Quem Me ama observa Meus mandamentos'. É preciso provar que você ama a Deus. Observe os mandamentos e cumpra seus deveres por amor a ele. Isso é amar a Deus!".
15. A alegria do coração é a vida da alma.
16. Aguarde com paciência o retorno do sol!
17. Leve sua cruz incansavelmente e suba ao Calvário com a certeza de que no cume se encontrará face a face com o Salvador.
18. Exercite o seu coração na docilidade interior e exterior.
19. A vida presente nos é dada para conquistarmos a vida eterna!
20. Quero vê-lo animado pelo santo propósito de santificação.
21. Na dor, Jesus está mais próximo de você.
22. Esforce-se para fazer o que você pode.
23. O coração comunica o que há dentro dele.
24. Pensemos no sofrimento, na morte de Nosso Senhor e no sangue que ele derramou por nós. Então, já não nos queixaremos do nosso sofrimento.
25. A Virgem Santíssima é mais poderosa do que nossos inimigos.
26. Abrace a cruz de Jesus e nunca lhe faltará força. Lancemo-nos nos braços de Jesus, nos braços da cruz, e aguardemos com humildade e paciência até que ele se digne levantar-nos.
27. Morre-se a cada instante sem cessar de viver.

28. Antes de nos mandar a cruz, Jesus nos dá a força para suportar o peso dela.
29. A alma que está atenta e reza torna-se forte.
30. Muitos vêm pedir para se livrar da sua cruz e tão poucos pedem a força para carregá-la!
31. Confie as suas fraquezas à Divina Providência.
32. Deus sempre nos livrará de todos os males.
33. Que Jesus sofredor lhe infunda sempre maior coragem.
34. Você não se sente digno de comungar? Ninguém é digno de receber tal dom. Somos todos indignos. No entanto, Jesus nos convida e deseja que O recebamos: "Se não comerdes o meu Corpo e beberdes o meu Sangue, não tereis a vida em vós!". Sejamos humildes e recebamos Jesus com um coração cheio de amor.
35. Submeta a sua vontade à vontade de Deus.
36. Quem recorre a Deus não cai!
37. A obediência vale mais do que o sacrifício.
38. Agradeçamos a Deus por tantos benefícios que a cada dia nos confere.
39. O Senhor nunca deixará sem conforto quem nele espera e confia.
40. Não se pode recuar diante das provações que Jesus reserva às almas eleitas.
41. O Senhor nunca nos abandona se nós não o abandonamos, mas pode às vezes tirar-nos sua presença sensível. É uma provação que passa logo que o Senhor desejar. Deus é fiel e nunca se deixa vencer em generosidade.
42. Não se afaste do cálice do Getsêmani se quer participar dos triunfos de Cristo.

43. Resista a querer o que Deus não quer.
44. Sofra, e mesmo assim agradeça a Jesus.
45. Tudo passa, só Deus permanece.
46. Jesus nunca o abandonou quando você fugia dele; muito menos o abandonará agora que você quer amá-lo.
47. Aprenda a sofrer sempre com maior perfeição.
48. A sua missão é fazer o bem a muitas almas e buscar sua própria santificação.
49. Nunca atribua a você mesmo qualquer bem ou qualquer coisa boa que descubra em você, pois tudo vem de Deus. É a ele que você deve dar honra e glória.
50. A oração deve ser insistente, pois a insistência denota fé.
51. Devemos pensar que Jesus, a fonte de água viva, não quer chegar até nós sem um canal; esse canal é Maria, sua mãe.
52. A verdadeira humildade do coração é a que é sentida e vivida mais do que demonstrada.
53. Nunca perca a coragem ao ver-se acabrunhado por problemas espirituais. Se Deus permite que você caia em alguma fraqueza, não é para abandoná-lo, mas para firmá-lo na humildade e torná-lo mais atento no futuro.
54. Agradeça a infinita piedade do Pai eterno.
55. Teria São Pedro feito mal ao seguir Jesus expondo-se a negá-lo? Não. Ele fez mal por contar demasiado com suas próprias forças, e por não rezar como tinha lhe aconselhado o Divino Mestre.
56. Peçamos ao nosso querido Jesus a humildade, a confiança e a fé.

57. Defenda os fracos. Console os que choram.
58. Com a bondade se atrai muitas almas.
59. A amargura da provação é sempre adoçada pelo bálsamo da Divina Misericórdia.
60. Deus preencherá o frasco do seu ser quando ele vir que está vazio dos perfumes deste mundo.
61. Um penitente falava sobre a fraqueza humana. Padre Pio disse-lhe: "Pense sempre que Deus o vê o tempo todo e em toda parte!"
62. A soberba se vence com a humildade.
63. Que a modéstia resplandeça sempre nas suas ações.
64. No sofrimento Jesus está mais próximo de você.
65. Zele cuidadosamente pela pureza do seu coração e do seu corpo.
66. É necessário lutar sempre. Não há virtude se não houver sacrifício!
67. Na perfeição tudo gira em torno do amor. Quem em tudo procura o amor como centro, vive em Deus.
68. As almas mais aflitas são as prediletas do Divino Coração.
69. Corresponda ao amor de Deus da melhor forma possível.
70. Quanto mais você se humilhar, mais o Senhor a exaltará.
71. Reze ao Espírito Santo a fim de que ele o ilumine.
72. As almas que amam a Deus estão prontas a tudo!
73. Queria amar Nossa Senhora tanto quanto ela merece; mas lembre-se de que todos os santos e anjos reunidos não conseguem amar e louvar dignamente a Mãe de Deus.
74. Faça das santas leituras seu tesouro.

75. A ansiedade é infrutífera e desnecessária.
76. Não dê atenção às pessoas que não sabem o que dizem.
77. Confie no perdão de Nosso Senhor.
78. Seja constante na prática do bem e combata os seus defeitos.
79. Imite Jesus na pronta obediência, sem discussão.
80. Agradeça a Deus pelo dom da fé, pois muitos não o possuem.
81. Rezemos muito pelas almas do Purgatório.
82. Quem segue Jesus não caminha nas trevas.
83. Encontre na resignação a força para não sucumbir sob o peso da dor.
84. Coloque-se constantemente na presença de Deus.
85. Abandone-se nos braços da Mãe celeste; ela cuidará de você. A Virgem dolorosa teve de contentar-se em contemplar seu Filho agonizante, sem poder dar-lhe o menor alívio.
86. Não perca tempo pensando no passado.
87. Seja indulgente com todos.
88. O meio para se manter fiel a Deus é a Eucaristia.
89. Peço a São José que guarde sua alma com o amor e a generosidade que ele testemunhou a Jesus.
90. Recomendo-lhe, de modo particular, a prática da docilidade.
91. Tenha sempre o firme propósito de amar a Deus.
92. A maior miséria da alma é a de sentir-se forte.

93. O pecado deve assustá-lo, pois ofende a Deus.
94. Abra a porta do seu coração a Jesus.
95. A preocupação impede o Espírito Santo de agir no seu coração.
96. A santidade é amar quem nos maldiz, quem nos odeia e quem nos persegue.
97. Jesus sempre cuidará de ampará-lo e ajudá-lo.
98. Corra na estrada do bem, sem nunca parar.
99. Se você olha as coisas de um só lado, seu juízo é errado.
100. Exorto-o a ter o olhar sempre fixo naquele que o guia.
101. Defenda-se, afastando o demônio.
102. Pode-se procurar Deus nos livros, mas só se pode achá-lo na oração.
103. Que Nossa Senhora seja seu refúgio e seu conforto nas horas tristes da vida.
104. Jesus sempre olha no fundo do coração.
105. Amo o sofrimento, não pelo sofrimento em si. Peço a Deus para poder sofrer. Desejo o sofrimento pelos frutos que dele advêm e pela glória que dá a Deus. Através do sofrimento, meus irmãos são salvos e as penas das almas do Purgatório são encurtadas. Que mais posso desejar?
106. Não tema as dificuldades futuras. Confie em Deus.
107. Repita frequentemente a você mesmo: "Deus me vê".
108. Que a Virgem dolorosa nunca o abandone. Que suas dores fiquem sempre gravadas no seu coração e inflamem-no de amor por ela e por seu Filho.
109. A fé é um dom de Deus. Peça-o!

110. Imitemos Nossa Senhora na sua humildade e na sua prudência.

111. Reze, mesmo contra a vontade.

112. Que São José lhe dê de presente uma carícia ou um beijo, como dava a Jesus.

113. Antes que você comece a falar, eu já sei o que vai me dizer. Procure não me esconder nada; não faça o que o demônio lhe sugere. Ele é como um ladrão: quando se vê desmascarado, foge.

114. Que Nossa Senhora nos faça sentir seu amor. Abandonemo-nos nas mãos da Mãe celeste para encontrarmos a paz e a felicidade.

115. Afaste depressa as tentações. Elas são como um tição ardente: quanto mais se segura na mão, mais se queimam os dedos.

116. Assim como São José defendeu Jesus da maldade de Herodes, também defenda a sua alma contra um Herodes bem mais feroz: o demônio.

117. Devemos estar prontos a seguir Jesus generosamente no caminho da cruz; se não for com alegria, ao menos com resignação.

118. Na nossa fragilidade, Deus exerce seu poder divino. Ele é todo-poderoso, mas seu poder é servo humilde do amor.

119. Deus nunca rejeitará nosso desejo verdadeiro de amá-lo. Por que pensar no passado e por que se atormentar? Para que o remorso de nossas faltas seja agradável a Deus, devemos conservar a paz da submissão.

120. Medo da morte? Peçamos ao Senhor para morrer em estado de graça e sofrer o Purgatório neste mundo.

121. Peçamos ao Senhor que na hora da morte ele nos assista com a sua santa Mãe e São José.

122. Sofrer é o destino de todos. Mas há uma arte de sofrer pouco conhecida: sofrer em segredo, no íntimo do coração, é nobre e bom.

123. Mesmo a morte trágica não deve ser atribuída ao acaso. Nenhuma folha cai nem a consentimento de Deus.

124. Entre o criador e a criatura existe uma distância infinita. Como a criatura pode ter acesso a Deus e ao Céu? O Filho de Deus tomou nossa natureza humana para que isso pudesse acontecer.

125. Do Presépio ao Calvário foi uma subida para o sofrimento, seguida da gloriosa ascensão. Nós também devemos aceitar o sofrimento deste exílio com amor e resignação, na esperança da recompensa eterna.

126. Deixemos Deus agir. Digamos simplesmente: Senhor, faça e refaça segundo seu desejo, e não como eu quero.

127. Na nossa vida as tentações sempre vêm do demônio. O sofrimento vem de Deus e nos conduz ao Paraíso.

128. Deus ama quem segue o caminho da virtude.

129. Se um doente pede a Deus para livrá-lo de seu sofrimento porque ultrapassa suas forças, isso não é um sinal de impaciência. O que suportou será contado.

130. Que mortificação é agradável a Deus? Arrependermo-nos de nossos pecados e carregarmos nossa cruz com amor e submissão.

131. Um penitente falou a Padre Pio que tinha muito receio de pecar. Padre Pio disse: "Enquanto você tiver temor, dificilmente cometerá um pecado".

132. Você deve servir o Senhor em paz! A tristeza que oprime é própria deste mundo e não vem de Deus.

133. Quando Jesus vem a nós na Santa Comunhão, encontra alegria na sua criatura. De nossa parte, procuremos nele a nossa alegria.

134. Sejamos humildes e confiantes. Jesus disse que encontrava sua alegria entre os homens, e humilhou-se ao chamar a si mesmo Filho do Homem. Tenhamos confiança nele, que nos ama e diz: "Vinde a mim!". Ele é o Caminho, a Verdade e a Vida. Se contemplarmos essa luz, encontraremos e conservaremos a vida.

135. Pela comunhão somos um com Cristo; fusão de duas velas. Isso não acontece apenas na comunhão. O estado de graça é a união com Deus.

136. "Por que a tentação passada deixa na alma uma certa perturbação?" — perguntou-lhe um penitente. Padre Pio respondeu: "Você já presenciou um tremor de terra? Quando tudo estremece a sua volta, você também é sacudido; no entanto, não necessariamente fica enterrado nos destroços".

137. Quanto mais se progride na vida espiritual, menos se fica amargurado. Este prelúdio do céu até mesmo dá paz.

138. Cumprir a vontade de Deus é o meu alimento. O sofrimento é a minha alegria e o meu pão de cada dia.

139. Quando o amor não reconhece um certo temor, procede com imprudência e ao acaso.

140. Queria voar para convidar todas as pessoas a amar Jesus e a amar Maria.

141. Quando sentir a cruz pesar duramente sobre seus ombros, peça a Deus que o console. Agindo assim, você não irá contra a vontade dele, mas imitará Cristo no Jardim das

Oliveiras quando pediu ao Pai que o aliviasse. Se não aprouver a Deus ouvi-lo, resigne-se e pronuncie o "fiat", como Jesus.

142. As portas do paraíso estão abertas para todos: lembre-se de Maria Madalena!

143. Não nos preocupemos quando Deus põe à prova a nossa fidelidade. Confiemo-nos à sua vontade; é o que podemos fazer. Deus nos libertará, consolará e encorajará.

144. As tentações, os desgostos e as inquietações são obra do demônio.

145. Escute o sopro do vento e não confunda o barulho da folhagem com o rumor da guerra.

146. Nossa Senhora recebeu pela inefável bondade de Jesus a força de suportar até o fim as provações do seu amor. Que você também possa encontrar a força de perseverar com o Senhor até o Calvário!

147. A misericórdia do Senhor, meu filho, é infinitamente maior do que a sua malícia.

148. Nosso Salvador mantém o dom da oração na mão direita. O Senhor se comunica conosco à medida que nos libertamos do nosso apego aos sentidos, que sacrificamos nossa vontade própria e que edificamos nossa vida na humildade.

149. Sejamos devotos dos nossos Anjos, pois Deus confiou-nos a eles.

150. Até os santos choram quando são impedidos de meditar. Na santa leitura encontramos o alimento que é assimilado por nós na meditação.

151. O Coração do Divino Mestre só conhece a bondade, a amabilidade e o amor. Deposite toda a sua confiança em

Deus, e esteja certo de que o Céu e a Terra passarão, mas Deus nunca o abandonará.

152. "Como distinguir uma tentação de um pecado? E como estar certo de que não se pecou?" — perguntou um penitente. Padre Pio sorriu e respondeu: "Como se distingue um burro de um homem? O burro tem de ser conduzido; o homem conduz a si mesmo".

153. Comunguemos com santo temor e com grande amor.

154. Nossa subida espiritual atravessa um mundo de escuridão, mas o temor salutar faz-nos encontrar a luz.

155. Um penitente disse a Padre Pio que o receio de pecar o atormentava. Padre Pio explicou-lhe: "Naturalmente o temor de pecar é um tormento. Devemos estabelecer uma diferença entre o temor de Deus e o temor de Judas. O temor excessivo tira todo o amor de nossas ações. A confiança demasiada faz-nos perder de vista a prudência. Por isso devemos regular nossa conduta: quando nos domina um temor exagerado, temos de recorrer à confiança; se sentimos que nossa confiança é audaciosa, o santo temor pode salvar-nos!".

156. Então você não acredita que depois da morte posso fazer mais por você? Depois da morte, farei mais barulho do que durante a vida...

157. Tente percorrer com toda a simplicidade o caminho de Nosso Senhor e não se aflija inutilmente.

158. Devemos odiar os nossos pecados, visto que o amor ao Senhor significa paz.

159. A pessoa que se volta para Deus procura manter os desejos que nela despontam no caminho do Senhor e tenta conservar sua consciência pura.

160. Seja paciente e espere com confiança o tempo do Senhor.

161. Cada dia tem a sua cruz e a sua preocupação.

162. Padre Pio disse a um penitente que procurou seu auxílio pela primeira vez: "Finalmente você veio. Se soubesse há quanto tempo o espero! Sofri e rezei tanto por você para afastá-lo das coisas do mundo e oferecê-lo eternamente a Jesus!".

    Espantado e comovido, o penitente exprimiu sua alegria por ter escolhido Padre Pio para seu diretor espiritual. Mas Padre Pio respondeu-lhe: "Você não me escolheu. Fui eu que o escolhi. Escolhi você entre tantos outros! O Senhor confiou-me sua alma no dia de minha primeira Missa. Eu o libertei pelo meu sofrimento e com lágrimas de amor. Tente responder fielmente a esse amor!".

163. Não tema as adversidades, pois elas colocam a alma ao pé da cruz e a cruz a põe às portas do Céu, onde encontrará aquele que triunfou sobre a morte e que a levará às alegrias eternas.

164. Você recebeu o pão; agora vá partilhá-lo com os outros.

165. O passado, Senhor, à tua misericórdia. O presente, ao teu amor. O futuro, à tua providência.

166. Obedeça como sempre tem feito. O Senhor a premiará.

167. Deve-se caminhar em nuvens cada vez que se termina uma confissão!

168. Queria ter uma voz forte para convidar os pecadores do mundo todo a amar Nossa Senhora.

169. Não apenas a mente, mas também o coração do homem quer a sua parte.

170. Deus ama-nos além de toda a nossa compreensão.

171. Que Jesus esteja sempre com você! Vá em paz... e ai de você se não retornar vitoriosa!

172. Mesmo quando perdemos a consciência deste mundo, quando parecemos já mortos, Deus nos dá ainda uma chance de entender o que é realmente o pecado, antes de nos julgar. E se entendemos corretamente, como podemos não nos arrepender?

173. Nunca imponha limites a Deus. Peça sempre a grande graça!

174. Que a sua "última" Santa Comunhão possa ser ainda mais pura do que a sua "primeira"!

175. Há pessoas tão tolas que pensam poder passar a vida sem o auxílio de Nossa Senhora.

176. Você não se dá conta de que está soterrada sob um mundo de graças! Eu e Jesus a queremos bem e estamos sempre com você.

177. Atenção! Quando o demônio se cala é porque está tramando um novo plano! Tenha sempre à mão a "arma" da oração.

178. Confie e abandone-se a Deus. O amor exclui o temor.

179. Seja cada vez mais generoso com o Senhor.

180. Quando você errar estarei sempre com você para corrigi-lo.

181. Lembre-se de que quem obedece não falha; quem obedece canta vitória.

182. Pense sempre que eu sofro quando não sofro.

183. Quantas vezes confiei a Nossa Senhora as penosas ansiedades do meu coração agitado, e quantas vezes ela me consolou!

184. A sua casa deve ser uma escada para o Céu.

185. Não se prenda ao conforto dos homens. Vá aos pés do Santíssimo Sacramento e desabafe ali.

186. O pensamento de que a graça de Deus nos dará força e que Jesus preparará a nossa recompensa deve ser para nós um consolo.

187. A caridade é o maior dom. É nessa virtude que a alma se santifica.

188. Olhe para cima e veja como o Céu é belo. Fique tranquilo, pois Jesus está sempre conosco.

189. Humilhemo-nos nas humilhações.

190. É necessário amar a Deus e àqueles que nos conduzem a Deus.

191. Quantas discórdias familiares e não familiares dependem sobretudo da falta de caridade, e poderiam ser solucionadas com apenas um sincero ato de amor no qual se saiba sufocar e fazer desaparecer o orgulho e o egoísmo!

192. Se você deixa a Comunhão de lado, causa um grande desprazer a Jesus.

193. A receita da santidade é amar e saber amar.

194. A oração é a mais sólida e indestrutível base de todas as obras.

195. Tenha a certeza de que Jesus está em seu coração muito mais do que você possa crer e imaginar.

196. Nunca se envergonhe de Cristo e da sua doutrina.

197. Jesus sempre vê a boa disposição dos bons, inclusive os bons propósitos da sua alma. Ele aceita e recompensa esses bons propósitos, e tolera as suas limitações e a sua incapacidade.

198. Persevere, sempre persevere! O Mestre nos ensinou que chega ao final quem persevera sempre; não quem só começa bem.

199. Você sofre, mas tenha a certeza de que o próprio Jesus também sofre em você e por você.
200. O mérito de uma boa ação que se cumpre para o Senhor é indescritível.
201. Amar significa dar aos outros — especialmente a quem precisa e a quem sofre — o que de melhor temos em nós mesmos e de nós mesmos; e dá-lo sorridentes e felizes, renunciando ao nosso egoísmo, à nossa alegria, ao nosso prazer e ao nosso orgulho.
202. É loucura fixar o olhar no que rapidamente passa.
203. Pense na felicidade que está reservada para nós no Paraíso.
204. De que vale perder-se em vãos temores?
205. Quem o agita e o atormenta é o demônio. Quem o consola é Deus!
206. Tudo o que se faz para agradar a Jesus é ainda sempre pouco!
207. Proponha-se a se exercitar nas virtudes.
208. Feliz a alma que atinge o nível de perfeição que Deus deseja.
209. A cada vitória sobre o pecado corresponde um grau de glória eterna
210. A aridez é fruto dos nossos defeitos.
211. Fique tranquilo, pois o seu Pai do Céu o protege.
212. Desapegue-se daquilo que não é de Deus e não leva a Deus.
213. Quanto às cruzes que recebemos, ou devemos aceitá-las ou devemos rezar ao Senhor para que nos livre delas.

214. Seja condescendente com os outros e o Senhor será condescendente com você.

215. Diga ao Senhor: Faça de mim segundo a tua vontade, mas antes de mandar-me o sofrimento, dê-me força para que eu possa sofrer com amor.

216. Quando fizer o bem, esqueça. Se fizer o mal, pense no que fez e se arrependa!

217. A virtude que mais devemos exercitar é a caridade para com Deus e para com nossos irmãos.

218. Ame a Deus, pois apesar de nossa maldade ele nos auxilia sempre.

219. É na dor que o amor se torna mais forte.

220. Quanto mais amarmos ao Senhor, mais antegozaremos as alegrias do Paraíso.

221. O testemunho dos mártires na hora da morte foi um momento de entusiasmo e de dor. Mas o martírio do coração, de todos os dias, é suportado para combater as próprias más inclinações, o mundo, o demônio e a concupiscência. É um sacrifício contínuo que dá muita glória a Deus.

222. O mais belo Credo é o que se pronuncia no escuro, no sacrifício, com esforço.

223. O Pai celeste está sempre disposto a contentá-lo em tudo o que for para o seu bem.

224. Não nos preocupemos inutilmente; deixemos Deus agir em nós. De nossa parte, façamos o melhor que podemos, e ele fará o resto.

225. Amemos ao próximo. Custa tão pouco querer bem ao outro!

226. Um filho espiritual perguntou a Padre Pio: "Como posso recuperar o tempo perdido?". Padre Pio respondeu-lhe: "Multiplique suas boas obras!".

227. O bem dura eternamente.

228. Uma filha espiritual perguntou a Padre Pio: "Se eu peço sempre graças ao Senhor, abuso da sua misericórdia?". Padre Pio respondeu-lhe: "Não. Se você pede é porque crê; portanto, é um ato de fé".

229. Procure corrigir seus defeitos um pouco por vez.

230. Se nosso coração for sempre dirigido ao exercício das virtudes da humildade e da caridade, não se terá dificuldade em exercer as outras virtudes. Estas são as bases; as outras as seguem como os pintinhos seguem as suas mães.

231. Padre Pio disse a uma filha espiritual: "Trabalhe!". Ela perguntou: "No que devo trabalhar, padre?". Ele disse: "Em amar sempre mais a Jesus!".

232. Se você ofendeu ao Senhor e não correspondeu à sua graça, humilhe-se e comece a reparar o mal que fez: esse é o caminho!

233. Um filho espiritual perguntou a Padre Pio: "Jesus me ama mesmo quando lhe desagrado?". Padre Pio respondeu-lhe: "Jesus sempre nos ama com o amor de complacência ou com o amor de compaixão".

234. Deus sempre nos dá o que é melhor para nós.

235. "O senhor é todo de todos?" — perguntou uma filha espiritual a Padre Pio. Ele respondeu: "Não. Sou todo de cada um".

236. Seja perseverante e alegre no serviço divino.

237. Recomendo-a calorosamente a Jesus, confiante de que ele a confortará. Seja boa e experimentará sempre mais os efeitos da Divina Piedade.

238. Não fui eu, mas o Senhor que o chamou para esta estrada. Fique tranquilo.

239. Que Nossa Senhora nos obtenha o amor à cruz, aos sofrimentos e às dores.

240. Deve-se tratar o Senhor com confiança unida à reverência.

241. Jesus lhe quer bem, da maneira que só ele sabe amar.

242. Fale pouco e faça muito. Procure sempre e encontrará Jesus.

243. Que Jesus o aperte sempre mais ao seu Divino Coração. Que ele o alivie no sofrimento e lhe dê o abraço final no Paraíso.

244. Sem a graça de Deus, nada podemos fazer.

245. Quando ofendemos a justiça de Deus, apelamos à sua misericórdia. Mas se ofendemos a sua misericórdia, a quem podemos apelar? Ofender o Pai que nos ama e insultar quem nos auxilia é um pecado pelo qual seremos severamente julgados.

246. O temor servil não conduz à salvação. É necessário ter confiança acompanhada do santo temor. A confiança é excesso de vida, o temor é falta de vida.

247. O amor nada mais é do que a própria essência de Deus personificada no Espírito Santo.

248. Peça a São José o dom da perseverança até o final.

249. O Senhor concede graças aos santos não por causa da generosidade deles, mas pela sua bondade.

250. "Padre, eu não acredito no inferno" — disse um filho espiritual. Padre Pio disse: "Acreditará se for para lá?".

251. O maldito "eu" a mantém apegada à Terra e a impede de voar para Jesus.

252. Se numa alma não houvesse outro desejo a não ser a sede de amar a Deus, isso já seria tudo, pois Deus não está onde não há o desejo de amá-lo.

253. Se você fala das próprias virtudes para se exibir ou para vã ostentação, perde todo o mérito.

254. Abandone-se nos braços de Nossa Senhora e ela se encarregará de cuidar da sua alma.

255. A superficialidade é o pântano no qual os homens afogaram o Amor.

256. O tempo mais bem utilizado é o que aplicamos à santificação das almas.

257. Que felicidade é estar perto de Jesus no monte da sua glória!

258. Seríamos nós suficientes para formular um santo desejo sem a graça divina?

259. O amor tende ao amado, mas avança cegamente. O amor não vê, mas o temor o ilumina.

260. Certamente nenhuma alma pode amar dignamente a Deus, mas quando essa alma faz todo o possível de sua parte e confia na divina misericórdia, por que Jesus rejeitaria esse espírito? Não foi ele que nos mandou amar a Deus segundo as nossas forças? Portanto, se você deu e consagrou tudo a Deus, por que temer? Talvez porque não pode fazer mais do que já fez? Mas Jesus não pede e não quer o impossível! Diga ao nosso bom Deus que faça ele mesmo o que você não consegue fazer e ele ficará contentíssimo com você. Diga a Jesus: "Queres de mim um maior amor? Eu não tenho mais do que este amor para te dar. Dá-me mais amor e eu o oferecerei a ti". Não duvide e fique tranquilo, pois Jesus aceitará a sua oferta.

261. Esforcemo-nos em caminhar sempre ao lado de Nossa Senhora e de estar sempre junto dela.

262. Você sofre, é verdade, mas sofra com resignação e não tenha medo, pois Deus está com você.

263. O amor nada mais é do que o brilho de Deus nos homens.

264. Os males são filhos da culpa e da traição que o homem perpetrou contra Deus... Mas a misericórdia de Deus é grande... Um só ato de amor do homem para com Deus tem tanto valor a seus olhos, que faltaria bem pouco para que ele retribuísse com o dom de toda a criação.

265. Nós, pobres criaturas, devemos dedicar a Deus todo o amor de que somos capazes.

266. A humildade e a caridade são as "cordas mestras". Todas as outras virtudes dependem delas. Uma é a mais baixa; a outra é a mais alta. A firmeza de todo o edifício depende da fundação e do teto.

267. Nosso amor deveria ser infinito para que fosse adequado a Deus; mas sabemos que só Deus é infinito.

268. Diga sempre você também ao dulcíssimo Senhor: quero viver morrendo, para que da morte venha a vida que não morre, e para que a vida ajude a ressuscitar os mortos.

269. Devemos empregar todas as nossas forças no amor, assim o Senhor um dia poderá nos dizer: "Tive sede e me deste de beber; tive fome e me deste de comer; sofria e me consolaste..."

270. Diante de Deus você deve humilhar-se em vez de se abater. Se Deus lhe reserva os sofrimentos de seu Filho e se o faz experimentar a fraqueza, eleve a ele uma oração de resignação e de esperança — mesmo se a sua fragilidade deixá-lo cair — e agradeça-lhe pelos benefícios com os quais ele o vai enriquecendo.

271. Você deve ter sempre prudência e amor. A prudência tem olhos; o amor tem pernas. O amor, como tem pernas, gostaria de correr a Deus, mas seu impulso de deslanchar na direção dele é cego e, algumas vezes, pode tropeçar se não for guiado pela prudência que tem olhos.

272. O grau sublime da humildade é não só reconhecer a abnegação, mas amá-la.

273. Falar muito nunca é isento de pecado.

274. Ninguém é juiz da própria causa.

275. Repita o que disse o Apóstolo: "Tudo posso naquele que me fortalece".

276. Quem diz que ama a Deus e não sabe refrear a própria língua tem uma religião infrutífera.

277. O medo excessivo nos faz agir sem amor, mas a confiança excessiva não nos deixa considerar o perigo que precisamos enfrentar.

278. Mexamo-nos, senão a indolência nos engolirá inteiramente. Sim, atenção, pois a indolência quer sempre apossar-se de nós.

279. Procurar a solidão, sim. Faltar com a caridade ao próximo, não.

280. Você deve se esforçar em agradar somente a Deus. Estando ele contente, estarão contentes todos.

281. Que a alegria do Espírito Santo ilumine o seu coração e o coração de todas as almas que querem ser fiéis à graça de Deus.

282. Humilhe-se sempre e amorosamente diante de Deus e dos homens, pois Deus fala a quem verdadeiramente tem um coração humilde e o enriquece com seus dons.

283. Há duas razões principais para se orar com muita satisfação: primeiro para render a Deus a honra e a glória que lhe são devidas. Segundo, para falar com ele e ouvir a sua voz por meio das suas inspirações e iluminações interiores.

284. Na oração aproximamo-nos de Deus e nos colocamos na sua presença.

285. O passado não conta mais para o Senhor. O que conta é o presente e estar atento e pronto a reparar o que foi feito.

286. Jesus pôs em você uma pedra preciosa para que a sua luz deslumbrante elimine as trevas pelas quais você passou.

287. Quando a prudência vê que o amor pode estar desenfreado, empresta a ele seus olhos. Dessa forma o amor se segura e, guiado pela prudência, age como deve e não como gostaria.

288. Não há falta de paciência quando pedimos a Jesus que tire a dor que é insuportável e superior às nossas forças. Nem perdemos o mérito do sofrimento que oferecemos a Deus se pedimos isso a ele.

289. Jesus nos ensina que na paciência possuiremos a nossa alma.

290. O amor próprio é filho da soberba e é ainda mais malicioso do que esta.

291. Fiz um voto ao Senhor de nunca rezar para mim mesmo, somente para os outros.

292. Obedeça prontamente... e para conseguir fazer isso, imagine que está obedecendo a Nosso Senhor.

293. Quando há amor sem temor, o amor corre sem prudência e sem freios, sem saber para onde vai.

294. Que Nossa Senhora das Dores o vivifique sempre com amor renovado e mantenha a sua dor no coração dela.

295. A voz da autoridade do seu diretor espiritual deve confortá-la. A você não lhe deve importar se você mesma vê tudo claramente, pois isso não é necessário. Basta que aquele que a dirige e que cuida da sua alma veja com clareza.

296. O mais belo Credo é o que sai dos seus lábios na dor e no desejo supremo da infalível vontade de fazer o bem. É o Credo que como um fulgor elimina as trevas da sua alma. É o Credo que no momento da tempestade a eleva e a conduz a Deus.

297. Um dia você verá surgir o infalível triunfo da justiça divina sobre a injustiça humana.

298. Lembre-se de que os santos foram sempre criticados pelas pessoas deste mundo, e puseram o mundo e as suas máximas sob os seus pés.

299. O temor e a confiança devem dar as mãos e proceder como irmãos. Se nos damos conta de que temos muito temor, devemos recorrer à confiança. Se confiamos excessivamente, devemos ter um pouco de temor.

300. É necessário odiar os próprios defeitos, mas com ódio tranquilo, que não seja fastidioso e inquieto.

301. Que nunca se apague da sua mente o exemplo do seráfico São Francisco que tão maravilhosamente soube copiar em si mesmo o Homem-Deus.

302. Todas as almas que amam a Jesus devem fazer-se sempre mais semelhantes a esse Divino e eterno Modelo.

303. Seja sempre fiel a Deus na observância das promessas que fez a ele, e não se preocupe com as zombarias dos que nada sabem.

304. Todas as pessoas que escolhem a "melhor parte" (viver em Cristo) devem passar pelas dores de Cristo: algumas mais, outras menos.

305. Felizes as almas que Deus considerar semelhantes ao Divino Exemplo!

306. A sua função é tirar e transportar as pedras, e arrancar os espinhos. Jesus é quem semeia, planta, cultiva e rega. Mas seu trabalho também é obra de Jesus. Sem ele você nada pode fazer.

307. Viva sempre sob o olhar do Bom Pastor e você ficará imune aos pastos contaminados.

308. Jesus e nossa Mãe celeste farão triunfar a verdade. Quanto a nós, sejamos sempre mais unidos na caridade; esta é a nossa fortaleza. Jesus nos confortará e nos amparará.

309. Meu Deus, perdoa-me. Nunca te ofereci nada na minha vida e, agora, por este pouco que estou sofrendo, em comparação a tudo o que tu sofreste na Cruz, eu reclamo injustamente!

310. Esforce-se, mesmo se for um pouco, mas sempre...

311. Jesus não o deixa nunca sozinho; nem um instante!

312. A arma divina para você chegar ao porto da salvação e cantar vitória é a submissão plena do seu próprio juízo ao de quem é encarregado de guiá-lo pelas sombras, pelas perplexidades e pelas batalhas da vida.

313. Na vida espiritual quanto mais se caminha mais se sente a paz apossar-se de nós.

314. O sábio elogia a mulher forte dizendo: "os seus dedos manejaram o fuso". A roca é o alvo dos seus desejos. Fie, portanto, cada dia um pouco. Puxe fio a fio até a execução e, infalivelmente, você chegará ao fim. Mas não

tenha pressa, pois senão você poderá misturar o fio com os nós e embaraçar tudo.

315. Jesus e a sua alma devem cultivar a vinha de comum acordo.

316. Continue a bater na porta da Divina Piedade.

317. A sabedoria consiste em duvidar de si mesmo.

318. Mantenha-se sempre unida à Cruz.

319. Seja paciente nas aflições que o Senhor lhe manda.

320. À medida que nos abrirmos a Deus e nos mortificarmos, mais felizes e fortes seremos na luta.

321. Que a flor da fé esteja sempre viva em você, regada pela caridade.

322. Os homens podem virar as costas, mas Deus nunca.

323. Quanto mais se ama o mundo, mais as paixões inúteis se multiplicam.

324. As almas se salvam sobretudo através da oração.

325. Rezemos ao Senhor para que "o seu Reino venha".

326. A prova mais clara de amor é sofrer pelo amado.

327. Que Jesus o mergulhe no esplendor da sua imortal juventude.

328. Estime-se somente pelo que você é: um nada, uma miséria, uma fonte de perversidade.

329. A humildade é o reconhecimento da renúncia de si mesmo.

330. Desapeguemo-nos deste falso mundo.

331. Agarremo-nos sempre mais a Jesus e a nossa Mãe celeste.

332. A alma é só uma. De acordo como se manifesta, damos-lhe diversos nomes. Se compreende: inteligência. Se se lembra: memória. Se ama: coração.

333. Coragem! Permaneça sempre unido a Jesus que está com você e o ama.

334. Ame a Deus com toda a sua alma, sem reservas. Ame ao próximo como a você mesmo. Assim você atingirá o objetivo da meditação.

335. Devemos ter um baixo conceito de nós mesmos e considerarmo-nos inferiores a todos.

336. Pense em Jesus flagelado por amor a você, e ofereça com generosidade um sacrifício a ele.

337. Que Jesus o transforme e o abençoe!

338. Os talentos de que fala o Evangelho são: os cinco sentidos, a inteligência e a vontade. Quem tem mais talentos, tem maior dever de usá-los para o bem dos outros.

339. O que se faz por obediência, é obediência. O que se faz por amor, é amor.

340. Não ofenda a Deus: ame-o.

341. Como é belo esperar!

342. Se quiser me encontrar, vá visitar Jesus Sacramentado; eu também estou sempre lá.

343. Jesus e Nossa Senhora nos ampararão e terão piedade de nós. A tempestade passará e a serenidade virá.

344. Viva serenamente, pois você nunca está sozinho. Tudo se converterá em consolação e em prêmio.

345. Nas tribulações é necessário ter fé em Deus.

346. Deus escuta e atende mais as orações dos vivos, dos que sofrem e dos que unem a oração ao gemido do sofrimento.

Nós também, aqui na Terra, escutamos mais um pobre que sofre do que uma pessoa que está bem.

347. Rezemos a Nossa Senhora para que ela segure o braço de seu Filho.

348. Estar sempre na graça de Deus: este deve ser o seu objetivo.

349. Que Jesus seja mais indulgente com os meus irmãos do que comigo!

350. Ofereçamos tudo a Jesus.

351. O sofrimento é o meu pão cotidiano, a minha delícia.

352. Que Jesus e as boas almas sempre lhe façam companhia!

353. Quando o Senhor me chamar, eu estarei mais próximo de você e o assistirei melhor.

354. Assim que me ponho a rezar sinto como se meu coração fosse invadido por uma chama viva.

355. Que a devoção a Nossa Senhora aumente a graça de Deus em você e a faça digna do Paraíso!

356. Que o Espírito Santo o absorva todo nele!

357. Ouço interiormente uma voz que constantemente me diz: Santifique-se e santifique!

358. Que São José tenha piedade de você e faça em tudo e sempre de seu pai.

359. Que Nossa Mãe do Céu tenha piedade de nós e com um olhar maternal levante-nos, purifique-nos e eleve-nos a Deus.

360. Para mim, Deus está sempre fixo na minha mente e estampado no meu coração!

361. A força do demônio é terrível; mas viva Deus que colocou a causa da minha salvação e o êxito da minha vitória nas mãos de nossa Mãe celeste! Protegido e guiado por uma Mãe tão terna, continuarei a combater até quando Deus quiser, com a certeza de não fraquejar jamais e pleno de confiança na Mãe celeste.

362. Diante de Deus ajoelhe-se sempre.

363. Mesmo a menor transgressão das leis de Deus será levada em conta.

364. Seja modesto no olhar.

365. No silêncio de minha cela, muitas vezes ergui a mão para abençoá-los e apresentá-los a Jesus e a São Francisco.

Oração de Padre Pio a Nossa Senhora

(Em seu 50° aniversário de sacerdócio)

Ó Maria, Mãe dulcíssima dos Sacerdotes,
intercessora e dispensadora de todas as graças,
das profundezas do meu coração
rogo-lhe, suplico-lhe e lhe imploro
que agradeça hoje, amanhã e sempre a Jesus,
o bendito fruto do seu ventre.
Obtenha-me o perdão dos meus pecados,
das minhas ofensas e das minhas negligências.
Conceda-me a graça de corresponder e perseverar.

Abençoe copiosamente
os meus amados Superiores e Confrades,
e os meus caros filhos espirituais,
dispersos pelo mundo inteiro.

Ó Maria, saúde dos enfermos,
ajude, proteja e faça florir
a minha humilde Obra que é sua:
a "Casa Sollievo della Sofferenza" (Casa para o Alívio
do Sofrimento),
para a glória de Deus
e para a vantagem espiritual e material
dos sofredores da alma e do corpo.

Ó suave Rainha e anjo luminoso do meu Sacerdócio,
dê a verdadeira paz ao mundo conturbado,
e o triunfo do seu Coração Imaculado à Igreja Católica.

Padre Pio de Pietrelcina
Benevento, 10 de agosto de 1910
San Giovanni Rotondo, 10 de agosto de 1960

Convento com as duas igrejas de Santa Maria delle Grazie e o novo Santuário de São Pio de Pietrelcina (inaugurado em 1 de julho de 2004). Foto: acervo pessoal da autora.

Bibliografia

C. MORCALDI. *La mia vita vicino a Padre Pio.* Dehoniane Roma, 1997.

F. RIESE PIO X. *Crocifisso senza croce.* Ed. Padre Pio da Pietrelcina, 1998.

J. MCCAFFERY. *Padre Pio: histórias e memórias.* Loyola, 2002.

PADRE PIO. *Consigli, Esortazioni.* Casa Sollievo della Sofferenza, 1993.

PADRE PIO. *Epistolario I e II.* Ed. Padre Pio da Pietrelcina, 2000.

Rivista Casa Sollievo della Sofferenza. Casa Sollievo della Sofferenza, s. d.

Edições Loyola

editoração impressão acabamento

Rua 1822 n° 341 – Ipiranga
04216-000 São Paulo, SP
T 55 11 3385 8500/8501, 2063 4275
www.loyola.com.br